なぜか9割の女性が知らない
婚活のオキテ

植草美幸
Miyuki Uekusa

青春出版社

はじめに

本書を手にとってくれた方の中には、がんばって婚活しているのに、なかなかうまくいかない人、婚活にストレスを感じはじめている方が、かなりいらっしゃるのではないでしょうか。

婚活が長引いたり、婚活に疲れたりすれば、正しい判断力も薄れ、ますます結婚は遠のいてしまいます。

なぜ、婚活がうまくいかないのでしょうか。

それは、やり方が間違っているからです。

そう言うと、やり方以前に「いい人に出会えない！」「まわりにいい人がいない！」…そんな反論も聞こえてきそうです。

でも本当は、いい人がいないのではなく、見えていないだけ。チャンスを取りこぼしている可能性がとても高いのです。

婚活の第一歩は、〝自分探し〟からはじまります。

自分は本当に結婚したいのか、この先、どんな人生を歩み、どんな結婚生活を築きたいと思っているのか、それにはどんな相手を探す必要があるのかなどを、まずは自分にしっかり問いかけてください。

それをせずにただ闇雲に合コンや婚活パーティーに出かけていても、雲をつかむような、無駄な婚活になってしまいます。

〝自分探し〟ができていない女性は、自分自身が置かれている状況も、自分にふさわしい人も、自分に本当に必要な人もわかっていないため、「まわりにいい人がいない」と言いがちです。

また、男性へのアプローチの仕方を間違えている女性もたくさんいます。

現在、18歳から34歳までの女性の約6割、男性の約7割の人に恋人がおらず、30代後半の未婚の男女にいたっては、約8割の人に恋人がいないという状況です。そのため、どうやって自分の気持ちを相手に伝え、どうやって自分という人間を相手にわかってもらえばいいのか、そのトレーニングができていないのです。

特に女性に多いのが、「言わなくても、わかるよね」という思い込みです。

実際には、男性側にも恋愛経験が少ないため、女性が自分のことをちゃんと言葉にして上手に伝えない限り、決して相手には伝わりません。それどころか、間違った形で伝わり、誤解されることも多々あります。

ですから、もしあなたが、本当に結婚したいのであれば、自分はどういう人間で、どうしたいのか、どんなときにうれしくて、どんなときに悲しくなるのか、ちゃんと相手に説明しなければいけません。

つまり、あなたの〝トリセツ〟を、自分自身の言葉でうまく伝える必要があるのです。

しかも、今の男性は、あなたが思っているよりも臆病になっていますから、あなたが上手にリードしない限り、なかなか話は進展しないでしょう。

そんな、長引く婚活や、疲れる婚活の問題点を解消し、幸せに結びつく正しい婚活のやり方をみなさんに知っていただくために、この本は生まれました。

出会いの場から、デート、プロポーズ、成婚に至るまでの流れに沿って、間違った婚活例を挙げながら、正しい婚活のやり方を具体的に紹介しています。

本書に書かれている婚活のオキテを頭に入れて正しく婚活をすれば、本当にあなたに必要な男性がわかり、あなたの結婚に対する真摯な気持ちを、自然な形で相手に伝えることができるはずです。

そして相手の男性にも、〝自分は、この人と結婚すれば、幸せになれるかもしれない！　この人のことも、幸せにできるかもしれない！〟と感じさせ、結婚を決意させることが、きっとできます。

誰しも1人で生きていると、辛い、苦しいと感じたり、さびしく感じることがあると思います。誰かと一緒に生きていくことで、それが今よりも楽になる――これこそが、結婚の目的です。

ぜひ、〝婚活のオキテ〟を上手に活用して、楽しく戦略的に、そして一日も早く、今より精神的にも肉体的にも楽な、幸せな日々を手に入れてください。

なぜか9割の女性が知らない 婚活のオキテ

chapter … 1 出会い

婚活NG

contents

chapter…2 デートまで

婚活NG

chapter…3 初デート

婚活NG

chapter … 4 2度目以降のデート

婚活 NG

chapter…5 おうちデート

婚活NG

chapter…6 家族に会う

婚活NG

chapter…7 結婚が決まるまで

婚活NG

chapter … 8 婚約から結婚まで

婚活NG

chapter … 1
出会い

婚活NG

合コンや婚活パーティーに積極的に参加する。

婚活のオキテ

それはただの出会いの場。
そこには、〝結婚したくない男〟しかいない！

あなたは今、何歳ですか？　合コンや婚活パーティーは、ただの出会いの場。20代前半の子がやるものです。そういうことをいつまでもやっていたら、結婚相手は決して見つかりません。

そもそも合コンは遊びの場であって、結婚相手を探す場ではありません。婚活パーティーにしても、〝婚活〟とついているだけで、合コンと同じ。真剣に結婚を考えている人が参加するところではないのです。

第一、合コンや婚活パーティーには、どんな男性が参加していると思いますか？　本気で結婚したいと考えている人がどれくらいいるのでしょうか？

結婚指輪をはずして参加する既婚者や、女性と同棲している男、彼女がいる男なんてザラにいます。そこに現れた男性が本当に結婚できる状態にあるのかどうか、確かめようもありません。

自治体主催の婚活パーティーなら安心でしょう。また、結婚相談所主催のパーティーでも、集客目的のものではなく、会員のためのパーティーなら、独身証明書を提出しているので安心です。でも、それ以外は注意！　みなさんには時間がないはず。本気で結婚を考えているなら、合コンや婚活パーティーからは、いい加減、卒業しましょう。

婚活NG

友だちに紹介してもらう。

婚活のオキテ

友だちは無責任。
あなたの一生に責任をとってはくれません!

友だちの多くは、ただあなたのことを「かわいそうな人」だと思って、紹介しているだけ。きっと、深く考えず、ただ「ノリがいいから」「ちょうど思いついたから」といった軽い気持ちで紹介しているだけでしょう。本気であなたの幸せな結婚を願って、あなたに合った男性を紹介してくれる人など、そうはいないのです。

そもそも、友だちがその男性のことをどれだけ知っているのかも、怪しいもの。結婚相手を探すうえで必ず確認すべき点は、年齢、学歴、職業、年収、家族のことなどいくつかありますが、彼女はそれにいくつ答えられるでしょうか。

そして、友だちは紹介後のサポートもしてくれません。あなたが一度その男性に会って、もう一度会ってみたいと思っても、女性は待っているだけの〝待ち子〟、男性も女性からの連絡を待っているだけの〝待ち男〟になって連絡がくるのをお互い待ち続けていたら、自然消滅するだけです。今までも、そんな経験があったのではないでしょうか。

出会いの場が誰かの紹介だった場合、間に入ってくれる人が、お互いの反応を聞いて、ある程度仲を取り持ってくれない限り、そうそう話は進展しないものなのです。友だちを当てにするのは、もうやめましょう。

婚活NG

出会い系アプリで相手を探す。

婚活のオキテ

本気でやったらバカをみる。
そこはその名の通り「出会い」が目的の場です！

出会い系アプリは、目には見えない非現実的な世界です。そして、ニュースでも騒がれているように、そこではさまざまな犯罪が起きています。

出会い系アプリのほとんどは、誰でも簡単に登録ができます。つまり、既婚者であろうが、セックス目的であろうが、金目当てであろうが、真面目に結婚したい男性を装って登録することができる、ということ。実際に会う前に免許証を確認したところで、既婚者かどうかすらわかりません。

しかも、アプリによっては、男性・女性、それぞれが見るページによって、デザインの雰囲気を変えています。男性にはセックス、女性には結婚をイメージさせる作りになっているのです。これでは、男性側はセックス目的の登録者が多くなるのも当然。アプリの主催者側は、登録者の結婚を目的に運営しているわけではないのです。

実際、アプリで出会い、同棲して子供も生まれたけれど、相手は実は既婚者だったとか、相手が実は不動産業者で、新居用にマンションを買わされてしまったという話も聞きます。これはもはや、結婚詐欺。婚活をするなら、世の中には危ない男がたくさんいることも、ちゃんと認識しておきましょう。

婚活NG

フェイスブックで出会いを求める。

婚活のオキテ

そこから得られる人柄も生活情報も、十中八九「イツワリ」です！

フェイスブックに女性との出会いを求めている男性には、さびしい人や、見栄っ張りな人など、リアルな自分に満足できていない人が多いようです。ネット上に、友だちが多かったり、見た目がカッコ良かったり、ステータスのある仕事についている自分をでっち上げている人もいます。

ネット上はいくらでもウソが書けるので、現実の世界から逃避するために、そこに〝マイワールド〟を作って没入している人もいます。実際に会ったら、ネットから受けた印象とのギャップにがっかりすることでしょう。

要するに、フェイスブックも出会い系アプリと一緒で、ウソが非常に多い。そんなウソだらけの男たちと会うのが危険なことは、言うまでもありません。

私は、フェイスブックでの出会いについて1年間取材したことがあります。アプローチしてくる人の中には、物を売るなどのビジネス目的の人も多く存在します。また、セレブな家の画像などをアップして、女性にコンタクトをとり、「家族が急病で病院に来ているけれど、手持ちのお金がない」とか、「君に会いに日本に来たけれど、入国審査でお金が必要になっている」などと言ってお金をだまし取ろうとする外国人詐欺集団もいました。ネットの世界は、決して現実と思ってはいけないのです。

婚活NG

〝好きな人〟ができるまで出会いを求める。

婚活のオキテ

断言します。
恋をしていたら、結婚は一生できません！

恋と結婚は別！　恋をしていたら、幸せな結婚はできません！

結婚で大切なのは、相手の年収、学歴、将来性、子供がほしいかどうか、新居はどうするか、などです。ここを曖昧にしたり、妥協したりすると、幸せな結婚は難しくなります。ところが、恋をしてしまうと、多くの女性は魔法にかかってしまい、結婚相手に求めるべき条件について、冷静な判断ができなくなります。たとえば、「学歴は思っていたのと違うけれど、好きだから、まあ、そこはもういいかな」と、なりがちなのです。

実際、婚活中に相手に恋してしまい、いくつかの条件に目をつぶって結婚してしまう人がいます。すると、結婚して数か月後からは、我慢の連続です。年収の希望に目をつぶってしまったために生活レベルで苦しみ、学歴に目をつぶってしまったために子供の教育で苦しむ。そして、やがて恋という魔法が解け、「こんなはずじゃなかった」と、離婚を考えはじめるのです。そうなったら、また一から出直しです。

結婚がしたいのであれば、まずは恋と結婚は別であることを肝に銘じること。そのうえで、自分の条件を見定め、それに合った人に、的を絞りましょう。

そして、結婚相手と恋をしましょう。

婚活NG

周囲にいい男がいないと、あきらめる。

婚活のオキテ

あなたは、どれだけいい女なの？
自分の条件を自分自身に問いかけて！

「いい男がいないな〜」が口癖になっている女性に、私は言いたい！　そういうことを言うあなたはどれだけいい女なんですか？　若くて美しい20代ですか？　女優さんですか？　それとも資産家ですか？　どれにも当てはまらないのであれば、どうしてそこまで上から目線になれるのでしょうか。そんなことを言っていること自体、大きな勘違いだし、周囲の男性に対して非常に失礼です。

だいたい、イケメンでスタイルが良くて、年収が高い、まるで王子様のような男性とある日突然出会って結婚できる確率は、限りなく低い。それを期待して〝夢見る夢子さん〟でいることが許されるのは、若いうちだけでしょう。

本当に結婚したいのであれば、まず、あなたが結婚するうえで〝いい男〟とはどんな男なのか、自分自身に問いかけてみてください。

本当に必要な条件は何なのか、その点にしっかり向き合えば、現実的な年収、学歴、人柄などが見えてくるはずです。

イケメンである必要はありますか？　俳優のようにカッコいい人である必要はありますか？　そうやって夢から覚めたところで、改めて自分のまわりを見渡してみましょう。「あっ！　この人！」と思う、条件に合った人が、案外、近くにいたりするものです。

婚活NG

見た目はある程度妥協する。

婚活のオキテ

妥協の必要なし。
なぜなら、見た目はあなたが変えられる!

「見た目は妥協する」と言っている段階で、すでに考え方が間違っていることに、あなたは気づいていないようですね。男性の〝見た目〟は、いくらでも変えられるのです。

確かに、見た目が与える印象は大きく、会って2、3秒で好みか、そうでないか、判断してしまう人が多いといわれています。

でも、男性がカッコ良く見えるかどうかは、顔でもスタイルでもありません。ただただ、髪型と服装です！　髪型が似合っていて、ヒゲをちゃんと剃ってあり、鼻毛や耳毛が出てなくて、清潔感のある古臭くない服をジャストサイズで着ていれば、誰だってそれなりに見えるものです。

私は婚活中の男性に服装や身だしなみのアドバイスをすることもありますが、実際、服装を変えただけで、見違えるほど変身した例は少なくありません。服以外にしても、髪が薄ければ植毛という手もあるし、太っているなら、ちゃんとダイエットすれば、やせられるはずです。

ですから、結婚相手の見た目は、「妥協する」と考えずに、あなたがリードして、あなたが好きなように、変えてあげればいいのです。

婚活NG

相性が良ければ、収入や仕事にこだわらない。

婚活のオキテ

こだわらないと結婚はムリ！
結婚はギャンブルではありません！

「話が合うから」「気が合うから」「好みが似ているから」「セックスが合うから」といった理由で、相手の収入や仕事にこだわらずに結婚するのは非常に危険。うまくいく可能性がゼロとはいいませんが、離婚する確率はぐんと上がります。イチかバチかの世界で、ギャンブルといってもいいでしょう。

結婚するなら、相手の学歴・職業・年収にこそしっかりこだわるべきで、相性にこだわる必要はまったくありません。なぜなら、相性なんて、長い間一緒に暮らしているうちに、少しずつしっくりしてくるものだからです。

一般的に、結婚前よりも、結婚後の人生のほうがずっと長いでしょう。もし今「相性が合わない」と感じていても、相手の学歴・職業・年収に満足していれば、長い結婚生活の間に、相性は自然と合ってきます。しかし、学歴・職業・年収にこだわらず相性重視で結婚した場合は、そうはいきません。居心地がいいと感じるのは最初のうちだけで、あとは〝我慢の日々〟になる確率が高いのです。

ですから、婚活中は、相手の学歴・職業・年収にしっかりとこだわりましょう！　あとは、あなたのことを否定するような発言さえしない人であれば大丈夫。相性なんて、あとからついてきます。

婚活NG

ライン聞かれたら、すぐに教える。

婚活のオキテ

教えずに教えてもらうこと。
選ばれる女でなく、選ぶ女になりなさい！

いくら婚活中で、男性との出会いを求めているからといって、自分のラインを簡単に男性に教えてはいけません。

婚活で大切なのは、自分が主導権を握り、自分のペースで話を進めること。自分のタイミングで連絡し、自分が会いたいときに、会いたい人に会う。これが、本当に結婚に適した人を見つけるための鉄則なのです。

相手に連絡先を聞かれたから教える、という手順を踏んでしまうと、もうその段階で相手に主導権を握られてしまいます。

こうなると、それ以降、ラインをするタイミングも、デートの約束のタイミングも、すべて相手に決められてしまいがち。

「そのほうがラクだわ」などと思っている場合ではありません。

幸せをつかむためには、何事も相手任せにせず、自分から選んでいく姿勢が必要なのです。

ですから、もしもラインを聞かれたら、「じゃあ、私から連絡入れるから、あなたのライン、教えてくれる?」と言いましょう。実際に連絡するかどうかは、改めてじっくり考えてみて、一度会ってみてもいい相手だと判断したときにだけ、自分から送ればいいのです。

婚活NG

女友だちに逐一、報告・相談する。

婚活のオキテ

女は女の足をひっぱるもの。
女友だちの意見など聞いていては、
いつまでたっても結婚できません！

「会ってみようかな…」と思う男性から連絡がきたとき、女友だちに相談していませんか？　その人はどんな意見を言っていましたか。未婚者はマイナス発言ばかり、既婚者は上から目線の発言ばかりではありませんでしたか？

特に未婚の女性は、友だちからそうした相談を受けると、「何その人、本当に会って大丈夫？」とか、「その職業って不安定だよね～。将来性あるのかな？結婚したら、ずっとハラハラだよね」とか、言いがちです。

なぜなら、女とは、自分以外の女性が自分よりも幸せになることが基本的に許せない生き物だからです。幸せになろうとしている友だちを見ると、本能的に、足を引っ張りたくなってしまうのです。

婚活中、女友だちからマイナスの発言ばかり聞いていたら冷静な判断ができなくなりますし、相手への希望条件のハードルも上がっていってしまいます。

第一、婚活中は、女友だちと会ったり、だらだら電話で話したりしている時間などありません。そんなヒマがあったら、条件に会う男性を探して連絡をとり、どんどん会ってみること！　婚活には、そのときあなたが持っている時間とエネルギーと財力の、すべてを注ぐべきです。あなたの大事な今の年齢は、二度と戻らないのですから。

chapter … 2
デートまで

婚活NG

ラインやメールで、相手のことをよく知っていく。

婚活のオキテ

すぐ会う！
目安は2、3日以内。
グズグズしてると冷められる！

最近、ほとんど恋愛経験がないままに大人になる人がとても増えています。そのせいでしょうか。せっかく出会いがあっても、なかなか直接会わずに、いつまでもラインやメールでやりとりを続ける男女が非常に多いです。

しかし、これこそ時間の無駄。相手のことは、会ってみなければ、何もわかりません。直接会うのが一番です。

それに、グズグズとラインやメールでやりとりをしていたら、その間に相手に彼女ができてしまうかもしれません。お互い「いいな」と思っていたのに、気持ちが沈静化してしまうこともあるでしょう。あなたに残された時間は、そう多くはないはず。そんなことをやっている場合ではないのです。

ですから、良い出会いがあったら、すぐにでも自分から連絡して、とにかく直接会うアポイントをとりましょう。

目安としては、出会いから2、3日以内がベスト。その際、「今度お会いしましょう。私は今月、○日の○時以降、○日、○日があいています。あなたはどうですか？」と、こちらから選択肢を挙げて、相手に選ばせてあげましょう。

あくまでも、相手に決めさせた形にして、自分のペースで話を進めていくのがポイントです。

婚活NG

毎晩決まった時間にラインやメールをする。

婚活のオキテ

男に振り回されるきっかけに…
自分の都合で勝手に送る！

相手をつなぎとめておこうと、毎晩決まった時間にラインやメールを送る人がいるようですが、これは大きく2つの理由でNGです。

まず、毎日同じ時間に送ろうとすることで、そこに義務感を感じてしまい、相手と会う前にあなたが疲れてしまうから。婚活は、次々と違う男性に会ってみる必要があるので、とても疲れます。疲れれば冷静な判断ができなくなるし、やる気もなくなってしまうでしょう。だから、あくまでも自分のペースで、自分が楽しめるように工夫することが、実はとても大切なのです。メールを送るなら、会社帰りの電車の中で気が向いたときなど、ヒマな時間に送りましょう。

NGであるもう1つの理由は、毎日同じ時間に連絡が入ると、相手の男性は「またあの子か」と慣れてしまい、あなたにワクワク感を感じなくなってしまうから。相手に甘くみられ、男性に主導権を握られてしまう可能性があります。

婚活中は、相手につまらない女だと思わせてはいけません。たとえば「今、窓見て！　夕日がすごくきれいだから」といった突然のメールで不意打ちして、相手を振り回すくらいがちょうどいいのです。しかも、こうした感性豊かなメールに相手がどう反応してくるかも、判断材料のひとつになります。

婚活
NG

ラインやメールで、絵文字やスタンプを多用する。

婚活の
オキテ

相手が好きになるまで使わない！

婚活は恋愛ではないので、この段階では、まだあなたに愛情はないはずです。それなのに相手の男性から絵文字やスタンプがバンバン送られてきたら、あなたはどう感じるでしょうか？　きっと「年齢の割に幼稚だな」と思って、会う前に冷めてしまうのではないでしょうか。

でも、実はその人は、あなたが送ったラインに合わせてスタンプを使っただけだったり、あまり女性とのやりとりに慣れていない、本当はとても真面目でまともな人だったかもしれません。もったいない話だと思いませんか？

こうしたケースを避けるためにも、お互いに気持ちがついてくるまでは、ラインやメールはあくまでも硬めの文面にしておいたほうが無難です。

あなたが硬めを守っていれば、相手もそうそうゆるく返してくることはないはずです。

ただし、相手からのラインやメールへの返信が面倒になったときは、無駄なエネルギーをそれ以上使わないためにも、眠くなっているイラストのスタンプなどをポンと送ってみてもいいでしょう。

それ以外は、この段階では、絵文字もスタンプも、できるだけ使わない。これが正解です。

婚活NG

即レスする。

婚活のオキテ

会う前に婚活がイヤになる…

自分のペースで返信すればいい！

会おうと思っているからラインがきたからといって、即レスしてはいけません。

なぜなら、即レスを繰り返しているうちに、「返事を出さなくちゃ！」という義務感に追い込まれて、消耗してしまうからです。疲れてくれば、会おうという意欲も薄れてしまうでしょう。

繰り返しますが、婚活は自分のペースに持ち込み、楽しみながら続けることが大切。だから、即レスしている段階で間違っているのです。

もし、気になる相手からラインがきたとしても、返信はあくまでもあなたがしたいときに、自分のタイミングで送りましょう。忙しかったり疲れているとき、興味もわかない話題に返信する必要などありません。

たとえば、「今日は仕事早く終わっちゃった。ヒマだな」なんて、どう返信していいかわからないようなラインが送られてくることもあるかもしれません。そんなときは返信不要。放っておけばいいのです。

婚活にコミュニケーション能力は必要ですが、それは、相手からの連絡にすべて素早く応えることではありません。自分の気持ちやペースを尊重し、ときに相手をうまくかわすことも、大事な能力のひとつなのです。

婚活NG

電話をする。

婚活のオキテ

苦手な男多し！
嫌がられるし、話も続かずキケン大！

最近は、仕事でも電話をせずにメールでやりとりすることが多いので、電話が苦手な男性がとても増えています。

そんな男性たちに電話をしても、多くの場合、嫌がられます。

しかも、電話は、かけたときに相手がどういう状態かはわかりません。夜9時を過ぎていても大事な打ち合わせ中かもしれないし、仕事で疲れ切っているかもしれない。そんなときに電話をしたら、「ウザいなあ」と思われてしまいます。

まだ初デートにこぎつけてもいないのに簡単に電話をしてしまう女性は、たいがい、おしゃべり好きな人です。

こういう人は、男性に電話をしているときも、女子会のノリで自分のことをベラベラとしゃべりがち。これでは、ただでさえ会話が苦手な男性たちは困惑してしまいます。一方的に話を聞かされる側にしてみれば、面白くもないし、会話が弾むはずもないのです。

要するに、話は直接会ってからすればいいのであって、その前に電話でするメリットはどこにもありません。

初デートまでの連絡はラインやメールに限り、電話は控えておきましょう。

婚活NG

メールやラインで仕事や家族の話をする。

婚活のオキテ

一度も会ってないのに、
そこまで自己紹介する必要はありません！

最近、ＳＮＳが発達した影響で、直接会わずに、メールやラインで延々とやりとりを続け、挙句は仕事や家族の話などをしてしまう男女が増え続けています。

しかし、メールやラインで仕事や家族の話などをするよりも、まずは直接会って、どういう人なのか自分の目で確かめることのほうが先決です。

自分のことをいろいろ話すのは、そのあと、お付き合いがはじまってからやるべきことであって、この段階でやることではありません。

何度もやりとりをする間に仕事の話題を繰り返してしまうと、相手に「仕事ばかりしている人だ」という印象を持たれてしまうでしょう。もしあなたに家庭的な一面があったとしても、直接会う前にチャンスを失ってしまうかもしれません。この段階では、余計な情報は相手に与えないほうが得策なのです。

それに、まだどんな男性かもわかっていないのに、職場や家庭の事情、住所につながる情報をどんどん与えてしまうのは、危険極まりない行為です。そのあと会ってみてとんでもない人物だったとしたら、ストーカーにならないとも限りません。

まずは直接会う。話はそこからはじまります。この鉄則を忘れないでください。

婚活NG

気になる人ができたら、ほかの人の誘いは断る。

婚活のオキテ

まわりの独身男はみんな自分のもの！
ぜんぶキープして天秤にかける！

「この人こそ！」と思ってお付き合いがはじまったとしても、実際にその人とゴールインするかどうかは、誰にもわかりません。まだどうなるかわからないのに、ほかの候補者を自ら手放してしまうのは時期尚早。賢い選択とはいえません。

ほかの男性からの誘いを全部断ってしまったら、第一候補の彼と駄目になったとき、あなたはどうするつもりでしょうか。また出会い探しからはじめるのは、時間と労力の大いなる無駄です。

それに、婚活中、第一候補がAさんからBさんに変わることはよくある話。また、一度は「この人は無いな」と思ったCさんが、実はとても良い相手だったと思い直すことも、しかり、です。

だからこそ、婚活中にいいなと思った独身男性からの誘いにはできる限り応じておいて、最後の最後までキープし続け、徹底的に天秤にかけ続ける必要があるのです。

その間、あなたが誘いを断ってもいい相手は、既婚者だとわかった人物だけです。それ以外は、この人なら！と思った相手からプロポーズされ、それをあなたが受けるその瞬間まで、男性からの誘いを断るべきではありません。

婚活NG

デートに誘われるのを待つ。

婚活のオキテ

待つってなに!?

「行きたいところがあるけど付き合ってほしい」

というニュアンスで、自分から誘いましょう!

婚活中のあなたは、待っている場合ではありません。何のために待つのでしょうか。婚活は時間との勝負。1日たりとも無駄にしてはいけません。会ってみようかなと思う男性がいたら、すぐに自分からメールかラインでアポイントをとりましょう。

「見たいもの、行きたいところがあるけど付き合ってほしい」というニュアンスで、具体的に誘うのがポイントです。

たとえば、「今度の休日、○○○って映画観たいんだけど、みんな都合悪くて一緒に行ってくれないの。○○さん、行ってくれる?」という感じです。

「いいよ」と答えてくれれば初デートとなりますが、もし「その映画興味ない」などと言われたら、「じゃあ、ほかの映画でもいいよ」と返します。

すると、「会う・会わない」の二択から、知らず知らずのうちに「それは観たくない、興味がないけど、○○だったらいい」という展開になり、結局は会う=デートにつながります。

それに、「行きたいところに付き合ってほしい」という誘い方なら、万が一断られてもショックが少ないですよね?

まずは誘い出すことが、大切です。勇気を出して、どんどん誘いましょう!

chapter…3
初デート

婚活NG

駅の改札で待ち合わせをする。

婚活のオキテ

人が多いところはNG。ほかにきれいな女性がいたら、比べられてガッカリされる！

都心の駅などは、常に大勢の人が行き交っています。そんなところで待ち合わせをしてしまうと、相手の男性の好みの女性や、すごくきれいな女性が通りがかり、あなたと比べられてしまう可能性があります。

まだデートする前から、相手の男性にガッカリされてしまうかもしれないのです。

しかも、駅は屋外にあることも多いので、雨が降っていればヘアスタイルやメイクが崩れ、服も濡れてしまいます。暑い日であれば汗も出るし、寒い日や風の強い日であれば顔がこわばります。どうしても実物よりブスに見えてしまいがちなのです。

ですから、初デートの待ち合わせは、できるだけ屋内にしましょう。常識的に考えると、カフェや喫茶店がベストです。

お店を決めるときは、決して相手任せにしないこと。ラインかメールで、あなたの行きたい店を3つほど挙げたうえで、相手に選んでもらうのがオススメです。

そうすれば、「こんな店で待ち合わせなんて……」と、相手の提案に不満を感じることもなく、気持ちよくデートにのぞめるはずです。

婚活NG

勝負服でデートする。

婚活のオキテ

2、3回目までは、ファストファッションで勝負する!

あなたの〝勝負服〟とは、どんな服でしょうか。高級ブランドの服ですか？　流行の服ですか？　基本的に男性は、ブランドにも流行にも興味がありません。高級な服を着ていけば、「この子はお金がかかりそうだ」と思われてしまうし、生活感に欠けるため、相手に結婚生活をイメージさせられません。

流行っているからといって、ざっくりしたトップスやロングスカート、地味な色合いの服を着てしまうと、女性らしいラインが出にくいため、相手の男性に「あっ！　女だ！」と女性を認識させることが難しくなってしまいます。

むしろ、初回から2、3回目のデートまでは、価格帯をリーズナブルにおさえたファストファッションでまとめて、倹約家らしい、そして女らしい印象を与えるのが一番です。こうすれば、多くの男性が、安心してあなたと会話をする気持ちになれるでしょう。

ただし、「2ポイント・ナイスバディーの法則」は守ること。これは、バスト、ウエスト、ヒップのうち、どこか2点がはっきり出るファッションにまとめるテクニックです。バストとウエストがわかるセーターを着ていれば、スカートはフレアーでもOK。3点ともはっきり出るファッションにしてしまうと女性を強調し過ぎていやらしい印象になってしまうので、避けましょう。

婚活NG

お気に入りのバッグやジュエリーをつけていく。

婚活のオキテ

高級ブランドのバッグやジュエリーは、男をビビらせるだけ！

お気に入りの高級ブランドのバッグを持っている人は、思わず、初デートに持って行きたくなるかもしれません。

でも、婚活中に身に着けるべきは、自分が一番気に入っているものとは限らないということを、まず肝に銘じておきましょう。

シャネルのバッグなら約60万円、エルメスなら約100万円はざらにします。そんなバッグを持って初デートに行ったら、男性をビビらせるだけ。「この女性と付き合ったら、いくらお金があっても足りないかも」と、相手は腰が引けてしまいます。

同様に、ダイヤモンドなどの宝石類や、ゴールド、プラチナなどをふんだんに使った高級ジュエリーをつけて行くのもNGです。やはり、とてもお金がかかる女性に見えてしまうし、「誰か別の男性に買ってもらっているんじゃないか？」と勘繰られることもあるでしょう。

初デートでは、バッグは普段使いのものを持ち、アクセサリーは目立たないものや、ファストブランドで扱っているプチプラのものにしておきましょう。

いずれにせよ、〝ほどほど〟に。ジュエリーはつけていかなくてもいいくらいです。

婚活NG

前日に美容院に行く。

婚活のオキテ

最初に出会ったときの印象を崩すとガッカリされます！

なぜあなたが初デートまでこぎつけたかといえば、相手の男性も、もう一度あなたに会いたいと思ったから。つまり、男性側は、出会いのときのイメージをあなたに求めている、ということです。

もしも初デートの際、あなたのイメージが初対面のときと変わってしまったら、相手にガッカリされてしまいます。だから、初デートの前日には、美容院に行かないほうが安全なのです。

前日に美容院に行って、髪型を変えたり、カラーを変えてしまったら、印象はガラッと変わってしまいます。

特に前髪は要注意。5ミリ切っただけでも、イメージはかなり違ってきます。髪の色なども、影響が大きいでしょう。

行きつけの美容院でいつもと同じ髪型に整えてもらうだけのつもりだったとしても、思い通りにならなかったり、以前と少し雰囲気が変わってしまう可能性もあります。前日だと、もう取り返しがつきません。

初デートのときは、彼との出会いのときと同じ髪型になるように、自分でセットしたほうが無難です。

せっかく相手に植え付けた好印象を、自ら崩さないようにしましょう。

婚活NG

お気に入りの香水をつけていく。

婚活のオキテ

苦手な男性もいるので、まずはボディーローションくらいにしておくこと！

確かに、〝香り〟は、男性をひきつける重要なアイテムのひとつです。でも、世の中には香水が苦手な男性も少なくありません。

香水をつけるなら、少なくとも何度かデートを重ねて、香水が嫌いな男性ではないことを確かめてからにするべきです。

それに、香りは記憶と密接に関係しています。

ひょっとしたらあなたのお気に入りの香水と前の彼女が使っていた香水が一緒で、彼は一瞬にしてその女性のことを思い出してしまうかもしれません。比べられたりするのも、イヤですよね。

そこでオススメしたいのが、お気に入りの香水と同じシリーズのボディーローションをつけていくことです。

これなら、あなた自身もいつもの香りに包まれていて気持ちが落ち着くし、ほのかな香りなので、相手の男性に不快な思いをさせたり、よからぬ記憶をよみがえらせてしまう心配もありません。

ヘアミストやヘアコロンを使ってみるのもオススメです。

何回目かのデートで、「いい香りだね」と彼が言ったり、香水が嫌いでないことがはっきりするまでは、お気に入りの香水はお預けにしておきましょう。

婚活NG

最初に会うときは、食事デート。

婚活のオキテ

食事デートは危険だらけ！
会話に集中できるシチュエーションで！

婚活中のデートは、単に楽しむためのものではありません。

最大のミッションは、相手の情報をしっかり収集すること！　これにつきます。

特に初デートでは、相手の職場や、仕事の内容などをしっかり聞き出してくる必要があります。それなのに、食事デートをしたらどうなるでしょうか。食べることに気持ちがいってしまい、とても会話に集中できないはずです。

また、相手の食べ方なども気になってしまい、いろいろ聞き出す前に、やる気をなくしてしまう可能性もあります。

反対に、相手の男性も、食べながら話をするあなたを見て、幻滅する可能性だってあります。要するに、いろいろと危険が潜んでいるのです。

初デートでは、午後2時～4時頃にカフェなどで待ち合わせをして、お茶と散歩くらいにしておくのがベストな選択です。

これなら会話に集中できるし、お互い、食べ方など余計なことに気を取られなくて済みます。

どうしても何かを食べるデートにしたいなら、アルコール無しの、軽めのランチに留めましょう。

婚活NG

お酒はたしなむ程度にする。

婚活のオキテ

たしなんじゃうと呑んじゃうから、呑まない！
正しい判断ができなくなる！

少しくらいお酒が入ったほうが、お互い緊張もとれて話しやすくなると思うのかもしれませんが、初デートでは、お酒は一滴たりとも呑んではいけません。まず、お酒を呑むと、いろいろ相手から話を聞き出すことが難しくなるし、相手の人柄などを正しく判断する力も鈍ります。

お酒が進んでしまえば、相手の酔っぱらい方を見て一気に冷めてしまうこともあるし、自分が酔っぱらってしまうことだってあります。

メリットなどひとつもないのです。

また、お互いにお酒が進んで理性が利かなくなれば、お持ち帰りされたり、したりしてしまうことも、ないとはいえません。これでは単なる遊びと一緒。正しい婚活の姿勢からは、かけ離れています。

お酒好きな女性の場合、「1杯だけなら」と考える人もいるようですが、好きな人ほど、お酒は1杯では終わらなくなります。でも、いくらお酒が好きな人でも、一滴も呑まなければ、そのまま呑まずに初デートを終えることはできるはずです。

まずは目の前の相手との会話に集中しましょう。結婚したら、いくらでも呑めるのですから。

婚活NG

相手のいいところを褒める。

婚活のオキテ

褒めると地雷は紙一重。
「私もそう思う」と同調するだけでいい！

初デートで相手に気に入られようとして、ついいろいろ褒めてしまう女性がいます。一見、良さそうな行動に見えますが、実はこれもＮＧ！　初対面の女性に褒められて喜ぶほど、男性は単純ではありません。

あなたが相手を褒めれば褒めるほど、彼にとってはウソっぽく聞こえるし、まるでセールストークやキャバ嬢の接客のように見えてしまうでしょう。「俺の何を知っているんだ」とか「なんだか調子のいい女性だな」と思われて、「もう会わなくていいや」となりがちなのです。

会話をしていて、相手のことを本当にいいと思ったときでも、まだこの段階では褒める必要はありません。「私もそう思う」「なるほどね、そうだよね」と、彼の発言に同調するだけでいいのです。

真摯に話を聞いて、必要に応じて同調してうなずく。そうすれば、自然と相手の男性に好印象を与えることができます。

目の前にいる女性に同調されれば、男性は間違いなく気分が良くなり、「自分のことをわかってくれたんだな。また会いたいな」と思ってくれるもの。初デートの段階では、これだけで十分です。

婚活
NG

婚活中であることは内緒にする。

婚活のオキテ

積極的に婚活中をアピール！
遊びの男をふるいにかけられる！

婚活中であることを男性に内緒にする女性に理由を聞いてみると、「だって、そんなことを言ったら逃げちゃうから……」と言う人が多いようです。

でも、考えてみてください。あなたは結婚する気のある、結婚できる状態の相手を探しているはずです。だったら、あなたが婚活中であると聞いて逃げるような男など、相手にする必要はさらさらありません。そういう人は遊び相手を求めているだけで、結婚を前提としたお付き合いをする気のない人です。結婚は相手を説得してするものではありません。結婚する気のない人とは、さっさとサヨナラすればいいのです。

むしろあなたは、自分が婚活中であることを、会う男性ごとにしっかりアピールすべきです。そうすれば、あなたのまわりには自然と、真面目に結婚を考えている男性が集まってきます。

ただし、婚活中であることは、言い方を間違えるとあざとくなるので要注意。たとえば、「私、もう35歳だし、次に付き合う人は結婚する人だと決めているの。今さら遊びなんて考えられないから」といった感じがいいでしょう。相手がまともな男性であれば、あなたを真面目な女性だと感じるはずです。

婚活NG

もちろん、まだ結婚生活については初回から話さない。

婚活のオキテ

「結婚」の言葉を使わず、
「生活」をイメージする話し方が大事！

「婚活」で、結婚生活について話さずにゴールインすることはありえません。とはいえ、いきなり「結婚生活はどうするの？」という聞き方では、ストレートすぎて相手にプレッシャーを与えてしまいます。

「結婚」という言葉を使わずに、会話の中で相手に結婚生活をイメージさせることがポイントです。

2人は外で会っているので、この段階では、お互い、相手の家庭生活が見えていません。家庭や結婚はイメージしにくい状況です。だから、さりげない会話で「生活」をイメージさせ、相手の婚活モードにスイッチを入れる必要があるのです。

たとえば、キッチングッズの話とか、バスタイムの過ごし方とか、家でどんなふうに過ごしているかが伝わる会話がいいでしょう。「毎週土曜日の朝は、掃除をしているの。お気に入りの掃除機があってね……」など、最終的に「女らしい人なんだな」と思われるような話に持っていけたらベストです。

相手に結婚生活をイメージさせれば、男性も「この子は本気で結婚を考えているんだな」とスイッチが入り、それ以降、デートにのぞむ姿勢が変わってくることでしょう。

婚活NG

仕事のことをいろいろ聞く。

婚活のオキテ

仕事の内容ではなく、
職場環境、人間関係、将来性をリサーチ！

仕事について話すことは大切です。でも、仕事の〝内容〟について詳しく聞こうとしてはいけません。専門的な話を延々されたら、それだけで貴重な初デートの時間が終わってしまうからです。

そうではなく、職場環境や職場での人間関係を聞き出しましょう。

職場はどこにあって、部署には何人いるのか。部署内でのポジションはどうなのか、先輩と後輩はそれぞれ何人ずついるのか、残業はどれくらいあるのか、いつも何時くらいまで働いているのか、などです。

こうした質問をしていくと、その人の会社における将来性も、おおよそ見えてきます。

「ランチはいつも、どこでどんなものを食べているの?」という質問もいいですね。「昼は楽しみたいから、できるだけおいしい店でゆっくり食べているんだ」という答えであれば、おそらく彼はたいした仕事はしていないでしょう。「昼は毎日、社食で済ませているんだ」とか、「弁当を自分で作っているんだ」とか、その人の経済観念なども、会話ににじみ出てくるはずです。

初デートの時間は限られています。有効に使い、彼が条件にあった人物なのか、そうではないのか、判断材料を少しでも多くゲットしましょう。

婚活NG

別れた直後、お礼ラインやお礼メールをする。

婚活のオキテ

直後ではなく、家に着いてから！
自分のことを、もう一度思い出させる効果が！

初デートのあと、「今日はどうもありがとう。楽しかったです」というお礼ライン・お礼メールを送ることは、人としての礼儀です。でも、せっかく送るなら、より効果的な送り方をすべきです。

もし、別れた直後、帰りの電車の中などで送ってしまうと、相手は帰宅途中で家に着いていません。まだデートが完全に終わる前に読むことになるので、まるでデートのおまけか、延長のように感じてしまうのです。これでは、別れ際のただの挨拶と一緒で、悪い気にはなりませんが、特別良い気分にもならないでしょう。

それよりも、彼が家に着いた頃、もしくは、その日の夜、家でくつろいでいるであろう時間帯に送ったほうが、ずっと効果的です。

完全に1人になって、少し人恋しくなっている時間帯ですから、相手はメールを見て、「ああ、今日、初デートだったんだな。楽しかったな」と、デートの余韻とともに、改めてあなたのことを思い出すことになるからです。

もしも、あなたが帰宅途中に彼がお礼メールを送ってきたとしても、決して即レスはせず、「遅くなってごめんね」のひと言を添えて、時間を置いて送りましょう。

婚活NG

次に会う約束をする。

婚活のオキテ

次だけじゃ甘い！
脈があったら、デートの間に
次の次の約束までする！

もし、初デートの相手が、「この人なら！」という男性で、相手の反応も良いと感じたなら、ここは攻めどきです。次のデートだけではなく、次の次のデートまで、一気に約束してしまいましょう。

ひょっとしたら、相手も婚活中で、ほかにもデートの予定を入れているかもしれません。でも、ここで2回分のデートを約束しておけば、彼がほかの女性と会える日は確実に減るし、あなたとの親和性はぐっと強くなります。

ただし、「私は、○日、○日、○日があいているけど、あなたはどう？」と聞いて、日程だけ抑えるのはとても強制的な印象を与えてしまいます。

まず、そこへ至るまでの会話中に、「今、横浜で面白いイベントをやっていて、行ってみたかったんだ」とか、「来週から、表参道がライトアップされるの。すごくきれいだよね」とか、楽しい話題やお互い興味が湧く話を、たくさんしておくのがポイントです。

そのうえでスケジュールを調整しながら、「じゃあ、○日は横浜に行って、○日は表参道に行きましょう」と、話を進めるのです。

男性にしても、次のデートの日程や、どこへ行くかを決めてくれるのは、実はありがたい話。ラクでいいな、と思う人は少なくないのです。

婚活NG

次のデートに誘われて、日程は後日に連絡をとり合う。

婚活のオキテ

その場で決める！
いくつか候補日をあげて、相手に選ばせる！

初デートがいい雰囲気で進むと、彼のほうから先に、次のデートに誘ってくるかもしれません。

そんなとき、「じゃあ、スケジュールを確認して、私から連絡入れるね」など、日程調整を先送りにしてはいけません。

婚活でもっとも注意したいことのひとつが、自然消滅。今は、女性も働いているし、お互い忙しいので、一度連絡が途切れると、次に会う予定が立たないまま、自然消滅してしまうことがとても多いのです。

特に、看護師やキャビンアテンダントなど、シフト制で働いている女性が相手だと、男性側はいつ誘っていいのかわからず、遠慮して連絡を控えてしまう傾向にあります。

だから、やはり次のデートの日程は、その場であなたが候補日をいくつか出して、「いつがいいですか？」と、相手の男性に選んでもらうようにしましょう。いくら相手に「いつにします？」と聞かれたからといって、「じゃあ、○日で」と言い切ってしまうのは、女性として賢い返答とはいえません。

あくまでも結論は相手に決めさせてあげて、花を持たせてあげることも忘れないように。

chapter … 4
2度目以降のデート

婚活NG

平日の仕事終わりに会う約束をする。

婚活のオキテ

仕事終わりは女も男化。
心もファッションも準備万端で会える
休日に会いましょう！

仕事終わりのデートは、まず、その格好に問題があります。

そもそも仕事に行くための服を着ているわけですから、女性を意識させる婚活ファッションになっていないことがほとんど。黒のパンツスーツの人もいるでしょう。

それに、仕事終わりに慌てて出かけるので、たいがい髪型やメイクもイマイチ決まっていません。要するに、婚活デートの準備ができていないのです。

何より、頭の中で仕事モードを引きずっていることが多く、どうしても態度やノリが男性的になりがちです。会話がマウンティング状態になって、語調が強くなることもしばしば。ペンを片手に「だからぁ」なんて、まるで同僚と仕事の話でもしているようになってしまう人もいます。

実際には、婚活デートは2回目で終了してしまうことも少なくありません。だからこそ、「勝負に行く！」くらいの気持ちで、服装、髪型、メイクとも準備万端整え、女性らしさをしっかり意識した状態で出かけるべきなのです。

婚活ファッションは、最初のうちはファストファッションでも、3回目以降は、デートの内容次第。高級なレストランならワンピース、ピクニックならパンツなど、ＴＰＯに合わせた装いをしっかり準備しておきましょう。

婚活NG

いつもおごってもらう。

婚活のオキテ

時代錯誤もはなはだしい！
高いところでなくても、
「今日は私が」で好感度がアップ！

これはもう、論外ですね。時代錯誤もはなはだしい。今の時代、こんなことをやっている女性は、もはや結婚できないと思ったほうがいいでしょう。

初デートのときは、男性に出してもらってもOKです。記念ですからね。

でも、2回目も3回目も、相手に言われるがままにおごってもらうのは、言語道断。相手の男性に、「調子のいい女だな」「気が利かないな」「自立できていないんだな」という烙印を押されるだけです。

ですから、1度食事をおごってもらったら、次はデートの最初に「この間はおいしかったです。ありがとう。でも、今日は私に出させてね。その代わり、あまり高いところは行けないけれど」と言ってみましょう。

たいがいの男性は喜んであなたの提案を受け入れてくれるはずです。

毎回割り勘にする、というのもいただけません。

割り勘のお金のやりとりをレジ前でやるのは非常にみっともないもの。恥ずかしいと感じる男性もいるので、交互にどちらかが持つほうがスマートです。

たまに割り勘にしてもいいですが、その場合は、まずは男性に支払ってもらい、お店を出たところでポチ袋などにお金を入れ、スマートに手渡すようにしましょう。

婚活NG

婚約するまで敬語で話す。

婚活のオキテ

2回目からは下の名前で呼び合うこと。

2人の距離がグッと縮まる！

いつまでも敬語で話していたら、お互いの距離を縮めることなどできません。婚活は時間との勝負。会うたびに距離を縮めていかなければ、デートしている意味も半減してしまいます。

ですから、２回目のデートでは「私のことは、マリって呼んでね。あなたのことはタカシさん、って呼んでいい？」と、お互い下の名前で呼び合うことを提案してください。おそらく男性は、呼び捨てではなく、「ちゃん」か「さん」を付けて呼ぶことになるでしょう。そこは相手にお任せします。

下の名前で呼び合うと、驚くほど距離が近づき、自然と敬語がとれていきます。

しかも、男性のほうは、「この子とはただ会っているんじゃないんだな。結婚を前提にお付き合いをしているんだな」という意識が強くなります。

下の名前で呼んでほしいと女性から言われることで自信もついて、お付き合いを続けていくことや、プロポーズにも前向きになれるのです。

それに、相手は結婚するかもしれない男性ですから、あと1、2か月も経たないうちに、相手の両親に会う可能性もあります。早いうちから「タカシさんは～」と、下の名前で呼ぶことに慣れておくに越したことはないでしょう。

婚活NG

いつもデート内容は決めてもらう。

婚活のオキテ

自分から何パターンか提案を。自分が行きたくないところには、絶対に行ってはダメです！

デートの内容をすべて相手に決めてもらうなんて、もう、最悪です！　ズーズーしい!!　あなたはお姫様ではありません。どこへ行って何をするかは、基本的に2人で相談して、共同作業で、お互い楽しみながら決めるべきです。

とはいえ、相手の提案が、あなたの行きたいところとは限りません。たとえば、スポーツに興味のないあなたが、真冬のラグビー観戦に誘われても、行く気になれないでしょう。行きたくないところに行けば疲れるし、ストレスも溜まります。ストレスは婚活の大敵！　事前に排除することがとても大切です。

そのためにも、デート内容は、あなたから選択肢を挙げて、相手に決めてもらう方法をとりましょう。

「次のデートなんだけれど、私、○○に行ってみたかったんだ。あと、○○もいいよね。○○も楽しいかも」と、あくまでも自分が行きたいと思うところだけを挙げて、相手に選んでもらうのです。こうすれば、あなたが行きたくないところを提案されてしまうこともありません。

ただし、もし、行きたくないところを提案されたからといって、ストレートに断るのはＮＧ。どうしても印象が悪くなります。体調や日程など、何かしらの理由をつけて、それとなく違う方向に話を持っていきましょう。

婚活NG

ドライブデートをする。

婚活のオキテ

2、3回しか会ってない人とはリスク大。ただし、自分の車ならOK!

この段階ではまだ、相手の男性があなたにウソをついている可能性はゼロではありません。残念ながら既婚者だったということもあり得ます。

そんな得体のしれない男性と２人きりで車という個室状態になるのは、とても危険な行為です。絶対にやってはいけません。

自分が免許を持っていない人は、特に注意してください。相手の車に乗せられて、人のいないところなど、どこへ連れていかれるかわかりません。

また、免許を持っていない女性からは、２、３回目のデートで彼の車に乗り、「乱暴な運転で嫌いになった」という話をよく聞きます。

自分が運転する女性は、少々乱暴な運転をされたとしても、あまり気にならないものですが、運転しない女性にとってはショックが大きいのでしょう。

相手をよく知る前に、この程度のことでお付き合いを止めてしまうのももったいない話なので、それを防ぐ意味でも、この段階でのドライブデートはやめておきましょう。

ただし、免許を持っている女性が、自分の車で、自分で運転するデートならＯＫです。

ハンドルと主導権は、あなたがしっかり握っておいてくださいね。

婚活NG

食事デートを重ねる。

婚活のオキテ

食べてばかりじゃ、結局2人の間は平行線。お出かけデートで人となりを知ろう!

何度も食事デートを重ねるだけでは、ただの〝お食事会〟で、婚活デートとはいえません。

何度でも繰り返しますが、婚活デートの目的は、相手の情報を収集することと、人となりを知ることです。

そのためには、一緒にいる時間に、しっかり会話をすることが、第一ミッション。食事をしていたら、あまり話ができません。しかも、レストランのような室内だと、２人とも座ったきりで、動きもありません。これではスキンシップが生まれるチャンスもなく、２人の距離は離れたままです。

ですから、３回目以降のデートでは、できるだけ外に出るようにしてください。街を歩いたり、郊外へ出かけてみたり、近場でピクニックを楽しんでみるのもいいでしょう。そうすれば、２人で一緒に歩く時間ができるので、自然と会話も弾みます。これが、婚活デートでは非常に重要なことなのです。

一緒に歩けば、階段やエスカレーター、坂道などで、さっと手をつなぐなど、スキンシップで距離を縮める流れも自然に生まれます。

車が通り過ぎるときにちゃんとあなたをサポートしてくれるかなど、彼の気遣いの度合いも確認できるので、人柄の判断材料も増やせます。

婚活NG

5回、6回、7回とデートを重ねる。

婚活のオキテ

だらだら「会うだけデート」は無駄！
デートを楽しむより、結婚を意識させる言動を！

あなたが今、やるべきは、ただのデートではなく、婚活デートのはず。だとしたら、デートの目的はあくまでも結婚。結婚がゴールになる、将来を見据えたお付き合いをしなければ、意味がありません。ただデートを楽しんでいる場合ではないのです。

婚活デートでは、会うたびに距離を縮めていき、遅くとも7、8回目のデートまでに、プロポーズまで持っていくのが目標です。

ですから、たとえば、初デートがお茶だけだったら、2回目は食事、3回目はピクニックと距離を縮めていき、4、5回目あたりでイケアや無印良品などに一緒に行って、「こんな感じのテーブルで、平日の朝食は和食がいいよね」など、新婚生活をリアルにイメージできるような会話をしましょう。

6回目では不動産屋へ行き物件情報を2人で見て、たとえば「このあたりで部屋を借りられたら便利そうだね」といった言葉をかけるなどして、結婚への意識をどんどん高めていくのです。

婚活は時間もお金もかかるので、ただの会うだけデートが続くと、結婚する気がある男性ほどあなたに疑問を感じはじめるでしょう。しっかり結婚を意識した時間を過ごして、一歩ずつ、着実に前へ進んでください。

婚活NG

これまでの恋愛経験を聞く。

婚活のオキテ

それを聞いて何になる？
自分のためにもやってはいけません！

デートを重ねていくと、相手の恋愛経験を聞こうとする女性が非常に多いです。しかし、それを聞いて何になりますか？　ホッと落ちつくわけでもなく、ただイライラの種を作るだけ。冷静なお付き合いがしづらくなるのがオチです。

婚活は恋愛ではないのですから、「今まで付き合ってきた人と比べて、私のことどう思っているんだろう」とか、感情的になってはだめです。過去の恋愛がらみの質問をすれば、相手の男性には、「ねちっこい」「ウザい」「面倒くさい」と思われるだけ。必ず失敗します。

仮にうまくいったとしても、過去の恋愛経験を聞いてしまうと、結婚後に必ず火種になります。夫婦ゲンカをしたとき、女性は「あなた、私と付き合う前の人とは、○○へ行ったって言ってたよね。どうして私とは行かないのよ」などと過去を蒸し返して、火に油を注いでしまいがちなのです。

なお、もしも相手があなたの過去の恋愛を聞いてきたら、「あなたがはじめて付き合った人よ」と言っておくこと。あとは何を言われても、笑顔でかわしましょう。「二度と聞かないでちょうだいね」という空気を醸し出しておけば、まともな男性はもう聞いてこないはずです。

婚活NG

2、3回のデートで、手をつなぐ、キスをする、エッチする。

婚活のオキテ

手をつなぐまで！
キスやエッチは、
まだ見定めてない相手でも好きになってしまう！

２、３回デートした頃、「好きになったから」という理由で、相手の男性とセックスしてしまう女性がいますが、これはまだ早過ぎます！

繰り返しますが、２、３回のデートでは、まだ相手の素性は正確にはつかめていません。既婚者や彼女がいる人の可能性もあるし、相手も婚活中であなたの優先順位はさほど高くないこともあり得ます。ただセックスが目的で婚活中のフリをしている可能性だってあります。そんな段階でセックスをしたら、自分で自分の価値をおとしめることになるだけです。

それから、女性はセックスすると恋愛モードに入りがちです。こうなると、どうしても感情的になってしまい、結婚を目的とした冷静な判断力をすっかり失ってしまいます。年収も、学歴も、仕事の内容も、将来設計も、何もかも「好きだからいい」となって、幸せな結婚に欠かせない条件を、自ら無かったことにしてしまいかねないのです。

「キスくらいいいだろう」と考えるのも間違いです。キスをすれば止まらなくなって、結局はセックスまでいってしまいます。

婚活デート中は、手をつなぐまで！　どうしてもキスをしたければ、ほっぺにチュッどまりにして、セックスは結婚後までとっておきましょう。

婚活NG

仕事中にラインやメールを送る。

婚活のオキテ

「ヒマな女だな～」と思われるのが関の山。退社時の「いま仕事が終わったよ」メールが効果的！

仲良くなってきたからといって、平日の昼間など、仕事中にラインやメールを送ってはいけません。「ヒマな女だな」とか、「仕事中に何をやってるんだろう」と、思われるのが関の山です。

特に、「今、隣の席の○○ちゃんが、お客さんと打ち合わせ中」など、わけのわからない実況中継や、内容の無いくだらないラインを送ったりするのは最悪。「馬鹿な女だったんだな」と思われてしまいます。

そもそも、医者や銀行員など、エリートや忙しい人ほど、職場では自分のスマホをロッカーなどに入れていることが多いので、送ったところで、リアルタイムで読んでもらうことはできません。

ラインやメールを送るのであれば、少なくとも自分の仕事が終わってからにしましょう。「お仕事終了。今からおうちに帰ります。○○さんはまだかな？お仕事頑張って」だったら、問題ありません。できれば、彼の仕事も終わる頃、あるいは彼が帰宅した頃の時間を狙うのがベストです。

彼も疲れて人恋しくなっている時間帯ですから、仕事を終えて家にいるあなたを、独占したい気持ちになるはずです。「会いたいな」「一緒に暮らしたいな」という感情を高める効果も期待できます。

chapter…5 おうちデート

婚活NG

自分の部屋に招待する。

婚活のオキテ

招待する前に、相手の部屋に行って、
素性や生活実態をチェックするのが先です！

自分の部屋に招待する前に、まずはあなたが彼の家に行くべきです。彼がどんな部屋でどんなふうに生活しているのか、チェックしておくのです。

そして、彼が既婚者でないこと、同棲している女性、彼女などがいないことをしっかり確認してください。

そうしておかないと、既婚者や素行の悪い男性と知らずに、自分の家を教えてしまうことになりかねません。

その後、部屋に入り浸られ、既婚者に遊ばれたり、そうとは知らずにセフレにされてしまうケースもあるのです。

そんな被害に遭わないためには、自分でしっかり防衛手段をとるしかありません。

彼の部屋へ行ったら、洗面所、トイレ、お風呂場などを必ずチェックしましょう。彼が見ていないところで収納扉などもこっそり開けて、化粧品や歯ブラシ、女性ものの小物などが無いか、しっかりその目で確かめてください。

それから、もし女性の痕跡がなかったとしても、この段階ではまだ結婚すると決まったわけではありません。相手に変な気を起こされないうちに、1時間くらいでさっさと帰りましょう。

婚活NG

手料理をふるまう。

婚活のオキテ

最初から家政婦になってはダメ。
一緒に買い物して、
一緒に〝ランチ〟を作りましょう！

結婚を意識しはじめると、〝相手に何かしてあげたい〟というサービス精神があなたの中に湧いてくるかもしれません。料理が得意な人ならなおさらでしょう。

でも、この段階から〝何でも私がやってあげる〟という姿勢を出してしまうと、妻というよりも、家政婦のイメージに成り下がってしまいます。

ですから、最初のおうちデートでは、彼の部屋で料理を作るより、自分で作ったジャムや簡単なクッキーなどを持参することをオススメします。

そして、彼と一緒に紅茶やコーヒーなどの買い物を楽しんで、それから彼の部屋へ行くのです。

ティータイムを楽しんだら、1時間くらいで終了すること。繰り返しますが、まだ結婚すると決まったわけではないので、長居は禁物です。

もし料理をするなら、あくまでもランチに限り、軽い、すぐ作れるものにしましょう。ポイントは、一緒に食材の買い物をして、一緒に軽い食事を作るという、共同作業にすること。一緒にキッチンに立てば、彼の家事能力もわかるし、何より、1人で作るより楽しいはずです。

お互い、2人で一緒に暮らしているイメージも湧いてくるでしょう。

婚活NG

好きになったらエッチする。

婚活のオキテ

安売り禁止！　エッチをしたら、セフレ止まり！
アルバムを見せてもらうなど、
リサーチに徹しましょう！

結婚の約束もしていない人と、気軽にセックスなんかしたら絶対にダメ。論外です。

そもそも、男性と女性では、セックスに対する考え方が180度違います。女性はセックスしたら「結婚してくれるんだな」と思い込んでしまう人がとても多いのですが、男性はそんなことさらさら思っていません。むしろ逆で、「安上りな女だな」と、なめられるだけです。

そして、一度してしまうとキリがなくなり、毎回当然のようにすることになります。こうなると、相手の男性には結婚をする気がどんどんなくなり、あなたはセフレと化してしまうでしょう。

ですから、安売りは禁止！　結婚がほぼ決まって準備期間に入るまでは、セックスは絶対にしないでください。

そんなことよりも、彼の部屋へ行ったら、「アルバムが見たいな」と言って、彼の子供時代の写真や両親の写真などを見せてもらい、さらなるリサーチに取り組みましょう。キッチンや冷蔵庫など、さまざまなところをチェックして、判断材料を増やすことに徹してください。情報は多いほどよいのです。

婚活NG

部屋のカギを渡す、もらう。

婚活のオキテ

プロポーズされてから!
それまでは、渡さない!もらわない!

結婚が決まっていないということは、まだまだ先が見えない相手ということです。そんな人に部屋のカギを渡すなんて言語道断。どんな危険な目に遭うかわかりません。

とにかく、日本は安全な国だと思い込んで、油断しきっている女性が大変多いです。でも、時代もだいぶ変わりました。どこにどんな人が潜んでいるかわからないのです。

たとえそこまで危険な人でなかったとしても、あなたがいない間に彼が部屋にいたら、誰が訪ねてくるかわかりません。婚活中の別の男性が訪ねてくる可能性だってあるでしょう。

まだ家族ではないのですから、あなたのプライベートに土足で踏み込むようなことを、相手にさせてはいけません。

彼がカギを渡してくれると言っても、やんわりと断りましょう。そうでないと、あなたが彼のプライベートに踏み込むことになって、余計な面倒や責任を背負いこむことになりかねません。

部屋のカギは、結婚が決まるまでは、渡すのももらうのも、厳禁。それは、結婚して、一緒に住みはじめてからでいいのです。

婚活NG

彼より早く起きて朝ごはんを作る。

婚活のオキテ

結婚前からこれをやったら、
家政婦への第一歩！

朝ごはんを作るということは、彼の部屋にお泊りしてしまったということですね。おそらくセックスもしたのでしょう。この段階ですでにNGですが、ついついお泊りしてしまった人のためにも、解説しておきましょう。

そもそも彼のためにごはんを作るという行為は、結婚したらその後一生、さんざんやることになります。なにも、婚活中からやる必要はないと思いませんか？

それに、あなたは〝優しさアピール〟のつもりかもしれませんが、まだ本当に結婚するかどうかわからない人のために、そこまでやってあげる必要が本当にあるでしょうか。エネルギーの無駄です。

しかも、一度そういうことをやると習慣化しがちです。

あなたの優しさアピールはついついエスカレートして、彼に便利に使われてしまうかもしれません。

これでは妻ではなく、家政婦への第一歩になってしまいます。

婚活中は、あなたがプロポーズを受けるその瞬間まで、どこで何がどう転ぶかわかりません。エネルギーはできるだけ無駄遣いしないようにして、婚活そのものに集中してください。

婚活NG

相手が病気になったとき、看病に行く。

婚活のオキテ

親切の押し売りです！
お互い元気なときに会いましょう！

想像してみてください。もしあなたが風邪をひいていたとして、相手が訪ねてきたらどう感じるでしょうか。ありがたいな、と思いつつも、「面倒だな」「早く帰ってくれないかな」と、思うはずです。それは、体調が悪ければ当然のこと。風邪をひいているときに、家族以外の人に訪ねてこられても、負担に感じるだけでしょう。

お互い結婚を意識していたとしても、この段階では、まだ気心の知れた関係とはいえません。体調が悪いときに訪ねて行ったところで、相手が喜ぶかどうかもわからないし、かえって迷惑になる可能性が高いのです。要するに、親切の押し売りにしかなりません。

どうしても何かしてあげたいのであれば、ヨーグルトかフルーツでも買って、届けるだけに留めましょう。

ただし、相手は玄関まで出てくる必要があるので、負担に感じるケースもあります。十分注意してください。

基本的には、相手から頼まれたこと以外は何もせず、元気になるまでそっと待っているのが正解です。相手が元気になったら、「思ったより早く元気になって良かった。心配してたの」と、温かい声をかけてあげましょう。

chapter … 6
家族に会う

婚活NG

プロポーズされるまで親と会わない、会わせない。

婚活のオキテ

親をリサーチ！

受け入れられないかもしれないので会っておく！

いざプロポーズを受けてみたら、相手のご両親の雰囲気や生活習慣が自分とまったく合わなかったとか、実はご両親があなたとの結婚に反対していたとか、そういう残念な話をときどき聞きます。でもこれは、事前に彼の実家を訪ねていたら、おそらく防げたこと。プロポーズに至る前に彼の実家とご両親をリサーチしておくのは、とても重要なことなのです。

彼の実家へ行ったら、ご両親だけではなく、その家の生活習慣なども、しっかり下見してきましょう。たとえば、階段や廊下にホコリが溜まっている、テーブルの下にお菓子の箱や雑誌などが置きっぱなしになっている、ソファがある部屋なのに座布団を使って床に座っているなど、生活習慣の違いは、気になる人はとても気になるものです。

生活習慣は親子で引き継がれていくことが多いので、実家に行っておけば、彼自身の生活習慣やその傾向も、さらによくわかります。

また、自分の実家に相手を連れて行って、親に会わせておくのもオススメです。親は結婚生活の先輩でもあります。親の視点での彼に関するコメントは、自分よりも客観的だし、あなたの婚活に役立つアドバイスがきっと聞けるはずです。

婚活NG

なにかのついでに会う、会わせる。

婚活のオキテ

服装の準備ができてないからダメ。
相手の家族と会うときは
ワンピースにジャケットです!

たとえば、彼とのデートのあと、「今から用があって実家に行くんだけど、ついでにちょっと行ってみる?」と誘われたとしましょう。相手の家族に紹介されるとぐっと距離が縮まると思って、喜んで行ってしまう人もいるようですが、あなたは、相手の親に会う準備が本当にできていますか?

親の世代とあなたの世代では、ファッションに対する感覚がかなり違います。親の世代は、はじめて彼の実家へ行くとなると、それ相応の服装をしているのが当たり前だと思っている人が多いのです。

ですから、普通のデート服のような、普段着ではダメ。フォーマル感のある服装をしていく必要があります。基本的に、はじめて相手のご両親に会うときは、ワンピースを着て行きましょう。ひざがギリギリ隠れるくらいの丈の、上品なデザインのもので、上にジャケットやカーディガンを羽織ります。色も派手なものはNG。白やベージュ系、マカロンカラーなど、優しい色合いを選んでください。黒は葬式をイメージさせるのでダメ。ビジネスチックなスーツもNGです。

自分の親に彼を最初に会わせるときも、同様です。彼にもちゃんとスーツを着てもらったほうが、あなたの両親も歓迎してくれるはずです。

婚活NG

彼の実家に遊びに行く。自分の実家に遊びに行く。

婚活のオキテ

そこは、まだ遊びに行く場ではありません！
相手の家のリサーチが済んだら、
次はご挨拶に行きましょう！

彼の実家に行って、親御さんに「また遊びにいらっしゃい」と言われたからといって、その後、のこのことのんきに遊びに行ってはいけません。彼の実家は、あなたにとって、決して〝遊び場〟ではないからです。

長い時間入り浸っていれば、あなたの振る舞いはずっと相手の両親の目に入ることになるし、会話のどこが相手の癇に障るかわかりません。長々と話していたら、墓穴を掘ることになりかねないのです。

ですから、相手の家に一度訪れてリサーチが済んでいたなら、次に行くときは、結婚に向けてのご挨拶のときだと思ってください。

そして、そのときは、〝城に乗り込む〟くらいの気概で、挨拶の仕方、会話の内容、ファッション、手土産など、準備万端整えて行くことが肝心。彼の実家とは、あなたにとってそれくらいシビアな場所だと心得ておいてください。

彼と一緒に自分の実家に行くときも同様です。2回目に連れて行くときは、結婚の挨拶のときにしましょう。

自分の両親に、彼のこと、そして結婚のことを快く認めてもらい話をスムーズに進めるためには、やはりしっかり準備してから行くことが大切です。

婚活NG

同居・不同居をうやむやにしておく。

婚活のオキテ

うやむやのままでは、いずれ破談します。住むところは、あらかじめ決めておく!

いまどき、同居はほとんどありません。でも、老舗の家柄や旧家などでは「当然同居」という家庭もまだあります。しかもそこは、お互い決して譲れない重要なポイント。はっきりさせておかないと、あとで必ずもめることになります。

同居を望んでいる男性の場合、一度家に連れて行って実家をあなたに見せた段階で、あなたが何も言わなければ「同居してくれるんだな」と思い込みます。でも、多くの女性は、今どき同居なんてあり得ないと、はなから思っています。だから、いざ結婚する段階になって、お互いに「えっ？」という状況に陥り、破談に至ってしまうのです。

そんなことにならないように、相手の実家を訪ねたときは、同居・不同居がはっきりする会話をしておくのを、決して忘れないでください。

同居・不同居にかかわらず、住むところは、2人にとってとても大事な問題です。何回目かのデートで2人で不動産屋を訪れ、物件の候補を一緒に確認しておくといいでしょう。結婚後に住もうと思っている地域がどのあたりなのか、家賃はどうか、オートロックは必須かなど、住居に対する考え方や経済観念も、事前にお互い確認できます。

chapter … 7
結婚が決まるまで

婚活NG

同棲、あるいは半同棲している。

婚活のオキテ

結婚の意思があるのか、すぐに確認を。
その気がないなら、即解消しましょう！

同棲とは、同じ家に住んで、寝起きを共にすること。これはもう、世間から見れば夫婦と同じです。結婚する意志のない相手とは、今、あなたがすべきことではありません。

もしすでに同棲している彼氏がいるのであれば、結婚する意志があるかどうか、この機会に相手にはっきり確認しましょう。

あなたのその問いかけにきちんと答えられない男性であれば、関係は即解消すべきです。

そして、改めて婚活に精を出しましょう。そうしない限り、どんどん結婚は遠ざかっていくばかりです。

お互いに自分の家がある半同棲の場合でも、同様です。

同棲に比べると深刻度はだいぶ下がりますが、結婚する気のない相手と半同棲していたら、まともな婚活などできません。

とにかく、同棲している場合も、半同棲している場合も、勇気をもって相手の気持ちを確かめること！

幸せをつかみとりたいのであれば、まずはそこからです。

婚活NG

いつも凝った料理を作って胃袋をつかむ。

婚活のオキテ

凝った料理は自己満足。冷蔵庫にある食材で、手早く簡単に作るのがポイントです!

婚活において、胃袋をつかむことは大切です。

しかし、凝った料理である必要はまったくありません。むしろマイナス行為です。

まず、凝った料理となると、食材が高くつきます。必要な品数も多く、野菜やハーブなど、残りがたくさん出て不経済です。相手の男性には「こんなものを毎日作られたら金がかかってしょうがないぞ」と警戒されてしまうでしょう。

そのうえ、作るのに時間もかかるし、キッチンで1人で延々と料理をされても、男性はヒマで楽しくありません。

だいたい、凝った料理は家庭的なイメージからほど遠いものが多く、趣味や遊び感覚、自己満足の感が否めません。

それよりも、料理をするなら、その日冷蔵庫にあったありあわせの食材で、簡単なものを手早く、品数多く作ったほうがずっと喜ばれるはずです。

たとえば、卵焼き、野菜のお浸し、炒め物……。そんなもので十分です。

きっと彼は、あなたの対応力に魅力を感じ、「この人なら家庭を任せられるな」と、2人で暮らしている情景をイメージしはじめるに違いありません。

婚活NG

掃除や洗濯をしてあげる。

婚活のオキテ

〝都合のいい女〟になってしまいます。
目指すのは
〝居心地のいい女〟です！

いくら家庭的な自分をアピールしたいからといって、掃除や洗濯までしてあげるのはオススメできません。

なぜなら、そうやって何でもやってあげると、男性にとって〝都合のいい女〟になり下がってしまうから。それでは、ただの家政婦と一緒です。

男性が結婚相手に望んでいるのは、〝都合のいい女〟ではなく、〝居心地のいい女〟です。

それは、生産性の高い仕事をきちんとしていて、精神的にもちゃんと自立できていて、一緒にいて楽しいと感じる女性のこと。もちろん、家事ができるにこしたことはありませんが、それはむしろ二の次なのです。

もしも、彼の部屋に行って、掃除や洗濯をしてあげたくなったなら、あなたが1人でやるのではなく、彼にやり方を教えてあげながら、一緒にやりましょう。共同作業であれば、結婚後のイメージにも結びつくし、お互い楽しみながら家事をこなせます。

楽しい時間を2人で過ごすことで、彼は「ああ、居心地が良かったな。おかげで部屋もきれいになったし、早く一緒になろう」と、さらに気持ちが高まっていくはずです。

婚活NG

自分の友だちに紹介する。

婚活のオキテ

ひがまれ、ねたまれ、邪魔されるのがオチ。ただし、幸せな既婚者ならＯＫです！

30代にもなると、結婚していない女性は、同じ境遇同士で女子会を開きがちです。言うなれば〝結婚しないよね同盟〟。そんな友だちに、「私、結婚することにしたんだ」と彼氏を紹介したら、どうなるでしょう。さんざんケチをつけられて、嫌な思いをするだけ。彼との関係をぶち壊されてしまいかねません。

たとえば、身長170センチ、体重80キロ、職業税理士、年収1000万の彼を結婚相手として紹介したとしましょう。おそらく友人はあとから「ねえ、税理士ってお客さんが離れたら終わりだよね。大丈夫なの？」「なんだかかなり太ってたよね～」など、難癖をつけてくることでしょう。

心の中では「年収1000万の人と結婚か。うらやましい」と思っているのですが、その口惜しさをケチをつけることで解消しようとしているのです。

既婚者であっても、油断禁物です。幸せな結婚をしている女性なら大丈夫ですが、そうでなければ独身と一緒です。いろいろと嫌なことを言われて、気分が悪くなるだけ。

ですから、自分の結婚のことは、日取りが確定するまで黙っておきましょう。ましてや、彼を紹介する必要など、まったくありません。

婚活NG

休みのたびに「お出かけ」する。

婚活のオキテ

男性にとっては負担です。出かけるなら、家族連れがいるところに行きましょう！

結婚相手は、遊び友だちではありません。

女性は買い物や、話題のお店・スポット、あるいは、水族館、美術館、映画館という〝3館〟に、彼と行きたがる人が多いのですが、しょっちゅうこういうところに行きたがるのは、完全にNGです。

多くの男性は毎日の仕事で疲れています。休みのたびに連れ出されては、まったものではありません。お金もかかりますし、男性にとっては負担以外の何物でもありません。

もし短い期間のうちに何度もデートを重ねるなら、ひとつコツがあります。それは、近場の公園や広場など、家族連れが多いところに出かけること。これならお金がかからないし、彼の負担も半減します。

しかも、自然と小さな子供を連れた家族連れの姿を眺めることになるので、2人で自分たちの結婚生活をイメージする良い機会にもなります。

また、屋外デートに合わせてサンドイッチなどを作って持って行けば、〝優しさ〟〝思いやり〟〝家事力〟の3つをしっかりアピールできるので、さらに◎です。

婚活NG

友だちよりも、彼との約束を優先する。

婚活のオキテ

相手に合わせ過ぎちゃダメ。彼もあなたに、物足りなさを感じるようになります！

こういう人は、次のデートの約束をするとき、たとえば彼が「俺、来週の土曜日しかあいてないんだ」と言ったら、仮に友だちとの先約があっても、「その日で大丈夫」と言って、友だちとの約束を断ってしまいます。

あるいは、彼と約束していた日に、どうしても仕事せざるを得ない状況になった場合も、残業を断ってしまうのです。

そもそもこれは、人として間違った行為ですし、自分の中にも少しずつストレスが溜まっていくことでしょう。

そして何より、そうやっていつも相手に合わせていると、男性は〝この子はいつでもあいてるんだな〟と思って、だんだんあなたに物足りなさを感じるようになってしまいます。

いつでも会える女はただの〝都合のいい女〟であり、決して魅力的な女性ではないのです。

何も難しいことではありません。ちゃんと自立した働く女性は、約束は先約を優先するのが当然だし、自分の仕事にはいつも責任を持って応じるべきだということ。それを守ったうえで、彼とも会えばいいのです。

婚活NG

彼と服などの買い物に行く。

婚活のオキテ

もし一緒に行くのなら、販売員に協力してもらい、自分の株をあげましょう！

あなたは服にどれくらいお金を使っていますか？　月に3万円ですか？　5万円ですか？　それくらい使っている女性は少なくないでしょう。

でも、男性はどうでしょうか。年収1000万円を超えていても、特にファッションに興味がある人でない限り、年にスーツを1、2着、あとはすべてファストファッションで済ませているという人は、ざらにいます。つまり、男性と女性では、もともとファッションに使う金額に大きな差があるのです。

ですから、一般的な男性と一緒に服などの買い物に行くと、女性のお金の使い方に男性は驚いて、ドン引きしてしまう可能性があります。

もし服などの買い物に一緒に行くのであれば、ちょっと頭を使って、自分のポイントを上げる機会として、上手に活用してください。

たとえば、行きつけのお店の馴染みの販売員さんに、「今度、彼を連れてくるから、私のこと褒めてね！」と、事前に頼んでおくのです。そうすれば、あなたがフィッティング中、販売員はあなたのことを思い切り褒めちぎってくれることでしょう。

第三者からの「きれい」「スタイルがいい」「センスがいい」といった評判は、彼の心に思い切り響くこと間違いなし！です。

婚活NG

お店やメニュー選びは、常にお任せ。

婚活のオキテ

男は男任せの女に辟易。
お店は自分が何パターンか提案して、
メニューは一緒に選ぶ！

ここまで本書を読んできたあなたはもうおわかりだと思いますが、これはもう、婚活的には完全にNGです。多くの男性は、お店やメニュー選びを丸投げしてくる女性たちに辟易しています。お店やメニュー選びがストレスになって、婚活に嫌気がさしてしまう人は、少なくないのです。

一方、女性は、「お任せします」と言っておきながら、あとで文句を言う人が非常に多いです。口に出さないまでも、「あんな店に連れていかれてがっかりした」と腹の底で思った経験がある人も多いのではないでしょうか。

こうした問題を防ぎ、男性も女性もストレスを溜めることなく、楽しく食事デートを楽しむためには、店のチョイスは、あなたが行きたい店を3つほどピックアップして、その中から相手に決めてもらう方法がやはりベストです。これなら男性もラクだし、女性は自分が行きたい店に行くことができます。

そして、メニューを選ぶときは、別々のメニューではなく、1つのメニューを共有して、一緒に選ぶスタイルをとりましょう。

そのときも、男性に決めてもらうのではなく、あなたが「今日のメイン料理は○○と△△なんですって……。どっちがいい？」と、選択肢を出しながら、さりげなくリードして決めていきましょう。

婚活NG

結婚をにおわす会話をする。

婚活のオキテ

結婚したいなら「結婚」はＮＧワード！
生活雑貨の店に行くなど、
結婚生活をイメージさせる行動を！

いくらお互い結婚を意識したお付き合いをしていたとしても、まだ本当に結婚が決まったわけではありません。その段階で女性から結婚をにおわせる発言をされると、かえって引いてしまう男性は案外多いです。

ですから、「私たち、結婚できるかな」とか「結婚のこと、親が心配しているの」など、「結婚」という言葉をズバリ使った会話は控えておきましょう。露骨ですし、スマートさに欠けるため、相手は興ざめしてしまいます。

とはいえ、婚活デートを重ねている間は、相手にあなたとの結婚生活をイメージさせることは大切です。「結婚」という言葉は使わずに、あくまでもさりげなくアピールしていきましょう。

一番やりやすいのは、生活雑貨の店に行って、キッチングッズや食器など、家で使うものを一緒に見ること。「普段、ちゃんと家事もしているんだな」というイメージも伝わるので、一石二鳥です。

会話でも、掃除で工夫していることや、収納のこだわりなど、家庭的な雰囲気のする話をするといいでしょう。

そうすれば、なにも「結婚」という言葉を使わなくても、男性にあなたとの結婚を意識させることができます。

婚活NG

記念日やイベントにこだわる。

婚活のオキテ

自分のこだわりを押し付けて、嫌われるケース多し。こだわるのは、結婚してからで！

いまだに、誕生日、ホワイトデー、クリスマスなどにプレゼントをほしがる女性がいますが、記念日にこだわり過ぎる姿は、はっきり言って醜いです。

そもそも、ホワイトデーやクリスマスにプレゼントをほしがるのは、巷にあふれる宣伝にのせられている証拠。そこにたいした意味など無いはずです。あなたの本来の目的は、プレゼントではなく、結婚なのですから、そこに集中すれば、イベントにこだわる気持ちは薄れていくことでしょう。

それに、最近の男性は、結婚すると妻を非常に大切にします。ですから、記念日のプレゼントは、結婚後のお楽しみにとっておけばいいのです。

また、相手にサプライズで贈り物をするのもＮＧ。彼が本当にほしいものでない限り、自分の好みの押し売りにしかならず、かえって嫌われるケースが多いのが実情です。

もし、彼の誕生日などにプレゼントがしたかったら、「何がほしい？」と聞きましょう。彼がいくらくらいのものをリクエストするかで、あなたに対する思いやりも推し量ることができますし、確実に喜んでもらえるものをプレゼントできます。

一緒にお店に行けば、楽しい時間を共有することにもなるでしょう。

婚活NG

仕事や人間関係などの愚痴を言う。

婚活のオキテ

うんざりされるのが関の山。
愚痴は言うより、聞いてあげるのが得策です！

誰だって、仕事や人間関係の愚痴を言いたいときはあるでしょう。でも、その役目を相手の男性に求めるのはやめましょう。うんざりされて、捨てられるだけだと思ってください。男性も人間ですから、〝自分だって愚痴を聞いてほしい〟と思っている人はごまんといるのです。

結婚したいのであれば、〝男は自分よりも強くて頼りになる存在〟という思い込みを、まずは捨てるべきです。

特に、バリバリ働いている30代以上の女性は、要注意。あまり男性とお付き合いする時間もなく、懸命に働いてきたため、最近の男性の傾向などがよくわかっていない人が少なくありません。

そういう女性は、男性＝昔かたぎの力強く頼れる男を連想してしまうため、自分の夫にもそんな強さを求めがちなのです。

しかし、今どきそんな男はいません。あなたの母親だって、夫に守られるばかりではなく、ときにしっかりと、その弱音や愚痴を受け止めていたはずです。

ですから、愚痴は言うのではなく、聞いてあげるのが、断然得策です。

そうすれば、彼はあなたに心を許すようになり、〝居心地のいい女性だな、ずっと一緒にいたいな〟と、心底思うことでしょう。

婚活NG

文句があってもグッとこらえて我慢する。

婚活のオキテ

ただ文句を言ってはダメ。
文句は〝話題〟に変えて、
それをテーマに会話する！

まず、文句を言わずに耐えてばかりいると、ストレスが溜まって病気になるのでやめてください。とはいえ、ただストレートに文句を言うのもダメ。どうしてもその場の空気は悪くなってしまいます。では、どうすればよいのでしょうか。

そんなときは、文句を話題にして、気の利いた会話に転換させてください。

たとえば、自分が約束より20分早めに到着していたのに、相手が交通渋滞で20分遅刻してきたとしましょう。まず、相手への気遣いを見せつつ、「大丈夫？心配してました」と、さりげない文句を口にしましょう。そうすれば、まともな人なら、「待たせてごめんね。ひどい渋滞にはまってしまって」と謝り、遅れた理由を説明するはずです。これであなたの気が済めば、それでOK。

まだ気持ちが収まらなければ、「渋滞はどうしようもないですよね。私、今日に限って20分早くついちゃって……」と、会話を続けるのです。相手は、「40分以上も待たせちゃったね。ごめんなさい」と、もう一度謝ることでしょう。

つまり、会話をしているうちにあなたの気持ちもすっきりしてくるし、相手の説明と謝罪を聞けば、不満も解消できるはずです。また、こうした会話は相手の人柄を知る手段にもなるので、賢く活用してしまいましょう。

婚活NG

プロポーズを待つ。

婚活のオキテ

男は臆病。待ってたって来ません。「あなたと結婚して幸せになりたい」と言ってあげましょう！

はっきり言いましょう。プロポーズを待っていいのは、お互いに若くて希望に満ちあふれた20代半ばまでです。そこを過ぎたら、待っているだけでは、決してプロポーズされることは無いと思ってください。

それに、今の時代、男性はあなたが思っているより、ずっと臆病です。プロポーズをして断られたらどうしようと思っている人はとても多いのです。

とはいえ、あなたのことを〝居心地がいい女性だな〟と思っていたら、心の底では〝プロポーズしたい〟と思ってはいます。ただ、自分から口にするのが怖いだけなのです。

ですから、2人の関係がゴールイン直前だと感じたなら、最後はあなたから「あなたと結婚して幸せになりたい」とか「結婚したらあなたを幸せにする自信があるよ」などと言って、彼の背中を押してあげましょう。そうすれば彼も、自信を持ってプロポーズに踏み切れます。

ただしこれは、あなたが彼から〝この人と結婚したい〟と思わせる女性になっていることが前提です。今の男性の多くは、精神的にも経済的にも自立していて、頼りになって、一緒にいてラクで楽しい女性を求めています。あなたがそんな女性になりさえすれば、自然とチャンスは訪れることでしょう。

chapter … 8
婚約から結婚まで

婚活のオキテ

婚活NG

指輪はほしいものをねだる。

男性との温度差と値段のギャップで、
破談になるケースも…
直接ねだらなくても、ショップに行けば、
たいていほしいものが買えます！

実は、婚約から結婚に至るまでの期間に破談になるケースはとても多く、中でも、もっともその原因になりやすいのが、エンゲージリングです。

指輪に対する思いは、女性と男性の間に相当な温度差があることを、まずは頭に入れておいてください。多くの女性にとって、エンゲージリングを婚約者からもらう瞬間は、子供の頃からの憧れのひとつ。でも、男性は「エンゲージリングって何？　結婚指輪とは違うの？」という人も少なくありません。

そのため、突然女性からブランドものの高額な指輪をねだられると、その金額に驚いて、結婚を考え直すことがよくあります。

ほしい指輪がある場合でも、「○○がほしい」とねだったりせず、彼と一緒にお店に下見に行って、店員さんの力を借りたほうが、ずっとスマートです。

店に入って「どれがいいの？」と彼に聞かれたら、とりあえず抑えめの金額のものを指定します。すると、店員さんは、あなたが何も言わなくても、彼の反応を見ながら少しずつ良いものを勧めてくれるでしょう。そして最終的には、彼が買える範囲内で、一番良い指輪にたどりつきます。

これが、自分がほしい指輪を、もめることなくスマートに買ってもらう、賢い方法です。

婚活NG

式等で意見が合わない彼の親の文句を言う。

婚活のオキテ

親についてのコメントは一切NG！
義母さん側につくくらいの心構えで！

この段階になると、お互いの両親も含めた3対3の話し合いに発展します。人数が多くなれば、もめやすくなるのは必然。注意深く話を進めてください。

その際、特に気をつけてほしいのが、式について彼の親と意見が合わないとき、彼に文句を言うこと。もし彼があなたと同意見で、「うちのお袋もがんこだからなあ……」などとぼやいていたとして、それに同調するのもダメです。ここで親御さんを否定する発言をしてしまうと、それは一生、あなたと彼の関係についてまわることになるでしょう。

ですから、彼が文句を言っていたとしても、「でも、義母さんもあなたのためを思って言ってくださっているのだから……」と、むしろ義母さん側につくくらいの心構えで対応すべきです。どうしてもそうする気になれないようなら、思い切って破談にしてしまったほうがいいかもしれません。逆に言えば、結婚すると決めたのであれば、それくらい相手に合わせる覚悟も必要なのです。

式については、あなたにもいろいろとこだわりはあるでしょう。でも、本当の目的は式ではなく、そのあと彼と一緒に暮らしていくことのはずです。あまり我を通し過ぎて、本来の目的を見失わないように注意してください。

婚活NG

「ウチのお母さんは」と自分の親の意見を主張する。

婚活のオキテ

「ウチは家族の仲がいい」はウリじゃない！
早く義母さんと仲良くなりたいな、
というスタンスが正解！

最近、いくつになっても母親と仲がいい女性が増えました。仲が悪いよりはいいのですが、あまりベッタリなのも考えものです。彼と会うたびにあなたが「ウチのお母さんは……」とか「ウチの家族は……」と言っていると、相手の男性は〝この人、親離れできてないんだな〟と感じて、だんだんうんざりしてくることでしょう。そればかりか、結婚したらあなたが家族ごと背負ってくるような気がして、恐怖心すら抱きはじめるかもしれません。

母親や家族と出かけた話をしたがる女性は、「ウチの家族は仲がいい」というのを、あたかも自分のウリであるかのように思っている人が多いようですが、これは大きな勘違いです。子供の頃、自分にたっぷり愛情を注いでくれたという話は問題ありませんが、〝今も仲がいい〟というのは、ちょっと不気味です。

これから実家から出て新しい世帯を持つわけですから、いつまでも実家とべったりな様子は、マイナスポイントにしかなりません。

それよりは、「早く義母さんと仲良くなりたいな」と、自分のほうから相手の家庭に入っていくような雰囲気を醸し出すべきです。とても大事な時期ですから、努めて良妻賢母的なイメージをアピールしておくようにしましょう。

婚活NG

結婚式場選びは親と一緒に行く。

婚活のオキテ

共同作業はここからスタート。
2人でほぼ決めてから
報告するだけで十分です!

式場選びは、親と一緒に行ったところで、破談の火種が増えるだけです。

まず、親世代とあなたの世代では、結婚式に対する価値観や考え方にギャップがあります。当然、意見を聞けば食い違うことも多いでしょう。それを無理やり合わせさせようとすれば、ケンカになってしまいます。

女性は結婚式に強いこだわりがある人が多いため、休みのたびに、「今日は○○ホテル、来週は△△と□□……」と、次々回ろうとします。

それが、彼と2人だけで、デートとして楽しめる範囲ならいいでしょう。しかし、親も同行させて、そのたびに会食の試食をしたり、たくさんのカタログを持たされたりしてあちこち歩き回っていたら、親たちはすっかり疲れ果ててしまいます。

それに、出会いから結婚までの期間が短い場合、まだ息子の結婚という事実を受け入れきれていない義母さんもいます。そういう義母さんは、式場選びに同行すると、無意識のうちに花嫁に批判めいた発言が多くなるものなのです。

ですから、少なくとも30歳を過ぎていたら、結婚準備も資金も自分たちだけで整え、ひと組の夫婦として自立していく準備をはじめましょう。

親御さんには最終的に2人で決めたことを報告するだけで十分です。

婚活NG

子供がほしいかどうかを確認する。

婚活のオキテ

ここで話すことではありません！
相手選びの段階で
確認しておくことです！

子供がほしいかどうか、今、この段階で確認しているようでは、かなり問題です。もし、あなたが子供は必ずほしいと思っていたとしましょう。彼にその意思を確認したところ、「ごめん、俺は子供ほしくないんだ」と言われたら、どうしますか？　ここで子供をあきらめて結婚をとったら、あとで絶対に後悔します。だから、彼と意思が合わなければ、別れるしかありません。

子供がほしいかどうかは、もっとずっと早い時期に、相手選びの段階でしっかり確認しておくべきことです。この段階では遅過ぎます！

ちなみに、結婚相談所の場合、登録の段階で、子供はほしい、ほしくない、どちらでもいい、の3つに分けて、意思を事前に確認します。そのうえで、問題がない人同士しか、マッチングしないように調整しています。

実際、子供をどうするかは、将来の仕事の展望と直結しています。いくつになるまで働く必要があるか、いくらお金が必要なのかが、自ずとはっきりするからです。

しかも、特に女性にとっては、出産と仕事はセットで考えなければならない重要な問題です。年齢ともからんでくるデリケートでリアルな問題なので、相手選びの段階で、必ず確認しておきましょう。

婚活NG

婦人科系の病気を改まって報告する。

婚活のオキテ

男性は大ごとに捉えるので、
大袈裟に言ってはダメ！

あなたが子宮筋腫だったとしたら、やはりそれは結婚前に彼に伝えておくべきでしょう。でも、だからといって「大事な話があるの……」と深刻に切り出し、「実は私……」などと改まって報告するのはいただけません。

子宮筋腫は、婦人科系の腫瘍の中ではもっとも多い病気といわれています。とはいえ、すべての子宮筋腫が治療を必要とするわけではありません。一部の人をのぞけば、そのままにしておいても、大きな問題が起きることもあまりない病気です。

女性同士であれば、そこはお互いよくわかっていますが、男性は婦人科の病気についてはほぼ無知です。だから、改まって報告されると、大ごとだと捉えて、結婚を思い直す事態になることがあるのです。

婦人科の病気がある場合は、たとえば「私、子宮筋腫なんだ。でも、女性の3割くらいはかかる病気だし、そのままにしておいても普通はあまり問題ないの」と、さらりと話すようにしましょう。

とにかく、男性は女性のことをよくわかっていません。特にからだのことや病気のことはまったく知らない人がほとんどなので、相手を心配させないように、十分気をつけましょう。

婚活NG

新居はどこにするか決めるのは気が早い。

婚活のオキテ

一軒家かマンションか…決めるのは気が早い。でも、どこに住むかは、お互いの職場を考慮して、もっと早く決めておく!

結婚前から新居について、「都心のタワーマンションに住みたい」とか「郊外の一軒家にしましょう」とか、そんな話をするのはまったくナンセンスです！

特に、賃貸ならまだしも、購入するのであれば、彼とあなたの年収を計算したうえで、正式にローンを組んでみないと、正確な物件選びなどできません。また、土地やマンションの価格は常に変動していますから、経済情勢をよく考えて、いい時期を選んで買わないと大損することもあります。だから今、そんな夢を語っても、ほぼ意味はないのです。

ただし、どのあたりの地域に住むかさえ話し合っていないとしたら、これもまた問題です。

今どき、結婚して仕事を辞める女性はほとんどいませんから、新居がお互いの通勤圏内であることは必須条件。そこがマッチしていないとその結婚は成り立ちようもないわけですから、お互い、お付き合いする相手を間違えていたことになります。

相手選びの段階で、相性はさておき諸条件で決して妥協してはいけないというのは、こうした事態を事前に防ぐための鉄則なのです。

婚活NG

親の介護については触れずにおく。

婚活のオキテ

嫁に面倒みてもらおうと思っている親は今どきいません。優しい気持ちをアピールしよう！

今の時代、兄弟が少なくなっているので、親の介護は誰にとっても避けて通れない問題です。ですから、将来、介護が必要になったときの大まかな展望をちゃんと話しておかないと、いざというときに必ずもめます。

また、相手の男性が親と同居中だった場合、女性が勝手に〝私が将来介護するんだ〟と思い込み、二の足を踏んでしまうケースが見受けられます。そんな人こそ、必ず親の介護について話しておくべきでしょう。

今どき、嫁の面倒になろうと思っている親はほぼいません。もはや介護はプロでなければこなせない専門的な仕事。つまり介護とは、主にお金の問題になりつつあるのです。そのため、介護の話をすることで、親の財産や年金の様子も把握でき、将来の計画も立ちやすくなります。

話をするときは、たとえば「お義母さまが1人になってしまうのは心配。私が少しでも役に立てれば……」と言って、優しさをアピールしてください。相手の男性は、〝俺の親のことも、自分の親と同じように思ってくれるんだな〟と感じて、あなたへの信頼度はいっそう高まるでしょう。

それに本来、結婚するなら、それくらいの気持ちを持つべきだと、私は思います。

植草美幸

婚活アドバイザー、婚活ジャーナリスト。結婚相談所マリーミー代表、株式会社エムエスピー代表取締役。1995年にアパレル業界に特化した人材派遣会社、株式会社エムエスピーを設立。そこで培ったマッチング能力･人材発掘能力を生かし、2009年に結婚相談所マリーミーを設立。

業界平均15％といわれる成婚率において、マリーミー全体では60％、自身が担当する「植草美幸コース」では80％の成婚率を誇る。そのほか、セミナーの開催、テレビやラジオへの出演など、アラサー･アラフォー男女を「幸せな結婚」に導くために幅広く活動中。また、ジャーナリストとしても、日々各メディアを通じて、恋愛、婚活、結婚に関するさまざまな情報を発信している。

著書に『男の婚活は会話が８割』(小社)、『婚活学講座 尊敬婚のすすめ』(評言社)、『モテ理論』(PHP文庫)など多数。


本文デザイン…青木佐和子　／　編集協力…上原章江

なぜか9割《わり》の女性《じょせい》が知《し》らない
婚活《こんかつ》のオキテ

2019年3月5日　第1刷

著　者　植《うえ》草《くさ》美《み》幸《ゆき》

発行者　小澤源太郎

責任編集　株式会社 プライム涌光
電話　編集部　03(3203)2850

発行所　株式会社 青春出版社
東京都新宿区若松町12番1号 〒162-0056
振替番号　00190-7-98602
電話　営業部　03(3207)1916

印刷　中央精版印刷　製本　フォーネット

ISBN978-4-413-23115-2 C0095